DES DOMMAGES

RÉSULTANT

DES TRAVAUX PUBLICS

PAR

FERDINAND SANLAVILLE

DOCTEUR EN DROIT, AVOCAT A LA COUR D'APPEL
OFFICIER DE L'INSTRUCTION PUBLIQUE

BERGER-LEVRAULT ET CIE, ÉDITEURS

PARIS
5, RUE DES BEAUX-ARTS

NANCY
18, RUE DES GLACIS

1906

DES DOMMAGES

RÉSULTANT

DES TRAVAUX PUBLICS

PAR

FERDINAND SANLAVILLE

DOCTEUR EN DROIT, AVOCAT A LA COUR D'APPEL
OFFICIER DE L'INSTRUCTION PUBLIQUE

BERGER-LEVRAULT ET Cie, ÉDITEURS

PARIS
5, RUE DES BEAUX-ARTS

NANCY
18, RUE DES GLACIS

1906

DES DOMMAGES

RÉSULTANT

DES TRAVAUX PUBLICS

---

1. — Le droit de propriété subit souvent des atteintes graves par suite de l'exécution des travaux publics, ou à raison de l'existence même, ou de l'utilisation et de l'exploitation des ouvrages une fois établis.

Il n'y a pas expropriation, mais dommage, c'est-à-dire détérioration d'une chose qui reste dans le domaine du propriétaire (1). Ces dommages excèdent ordinairement le préjudice qui peut provenir de l'exercice normal du droit de propriété.

L'État et les autres personnes morales qui effectuent des travaux publics, les entrepreneurs et concessionnaires peuvent donc se trouver tenus, vis-à-vis des propriétaires lésés, dans nombre de cas où un simple particulier n'encourrait aucune responsabilité. Il s'agit des *torts et dommages,* dont l'administration ou ses représentants sont responsables, et qui rentrent dans la compétence des conseils de préfecture, aux termes de l'article 4, § 3 de la loi du 28 pluviôse an VIII (2).

En droit civil, et d'une manière générale, le propriétaire est maître sur son terrain, il peut y faire les travaux qui lui conviennent :

---

1. Voir, sur le caractere du dommage résultant de travaux publics, notre ouvrage sur *L'occupation définitive sans expropriation* (1890, Berger-Levrault et Cie, éd.), *passim* et notamment p. 10 et suiv.

2. On connaît la singulière rédaction de cet article, qui paraît à première vue exclure les recours dirigés contre l'administration et la compétence des conseils de préfecture. Mais on s'accorde à reconnaître que les expressions : *et non du fait de l'administration,* veulent dire : *bien que ce ne soit pas du fait de l'administration.* Les conseils de préfecture sont donc compétents, qu'il s'agisse d'actions contre l'administration elle-même ou contre ses entrepreneurs.

fouilles, captage de sources, creusement de puits, etc. (art. 642, C. civ., loi 8 avril 1898).

Peu importe si ces travaux tarissent les sources ou les puits des voisins : en principe, il n'est dû aucune réparation (1). Toutefois, le droit de propriété, quelque absolu qu'il soit, comporte certaines limites et ne peut dégénérer en abus.

En droit administratif, tant que l'État, la commune ou l'établissement public ne fait qu'user des mêmes droits qu'un simple particulier, il n'est pas plus responsable vis-à-vis des propriétaires que ne le serait ce simple particulier (2).

Mais, si les travaux excèdent ceux qui résultent de l'exercice normal du droit de propriété et que tout propriétaire est tenu de supporter du fait de ses voisins, comme un risque réciproque de voisinage, la responsabilité de l'administration publique ou de ses représentants, en dehors de toute faute, se trouve nécessairement engagée. Il en est ainsi, notamment, lorsque les travaux entrepris profitent à la collectivité et prennent un caractère d'ensemble (3).

D'autre part, il est nécessaire que les dommages se rattachent à des travaux publics pour que la loi du 28 pluviôse an VIII soit applicable.

Enfin, le dommage doit porter une atteinte effective à la propriété, il faut que ce dommage soit actuel et certain et n'ait pas, en principe, un caractère éventuel (4).

Nous nous proposons d'envisager les dommages résultant des travaux publics à deux points de vue principaux :

1° Les dommages sont causés par des travaux excédant l'exercice normal du droit de propriété. C'est ce que l'on exprime en disant que le dommage est *spécial* (5) ;

2° Les dommages portent une atteinte effective à la propriété ; il

---

1. *Rép. gén. du Droit français*, v° *Eaux*, n°s 132 et suiv.

2. Aucoc (2e éd.), *Conférences*, t. II, n° 725, p. 394. — Laferrière, t. II, p. 157. — Christophe et Auger, *Travaux publics*, t. II, n° 2 283, p. 375.

3. Voir les auteurs précités. — Voir aussi Christophe et Auger, t. II, n° 2 284, p. 377.

4. Aucoc, t. II, n° 729, — notamment : C. d'Ét., 30 janvier 1880. *Rec.* Panhard, p. 138 ; — 13 avril 1888, p. 453 ; — 12 mai 1882, p. 476 ; — 20 mars 1885, p. 353. *Rec. C. d'Ét.*, table 1859-1874, t. II, p. 662 et suiv. et les tables décennales v° *Travaux publics*.

5. Aucoc, t. II, n° 725. — Hauriou (4e éd.), p. 701.

faut qu'il y ait diminution de valeur ou privation de jouissance appréciables (1).

On a longtemps enveloppé ce second caractère du dommage dans la formule, trop étroite, pensons-nous, de *dommages directs et matériels*.

I

2. — La loi arme l'administration de pouvoirs très étendus; ainsi, en autorisant l'expropriation pour cause d'utilité publique, elle lui permet de s'emparer d'espaces de terrains considérables, pour un usage déterminé. D'après certains arrêts, le caractère public ou non public du travail est défini par son objet; tout ce qui se rattache à l'exécution de ce travail, tout ce qui concourt à cette exécution constitue un travail public (2). L'établissement des ouvrages publics entraîne des travaux, installations et importantes modifications, qui dépassent de beaucoup ce qu'un simple particulier aurait effectué, ainsi : ouverture de voies publiques, de rues dans les villes, établissement de voies ferrées, tranchées, remblais, percement de tunnels, creusement de canaux, captage de sources, dérivation de rivières, etc.

Du moment où ces travaux sont faits dans un intérêt public, il est juste que les charges qui en résultent soient supportées également par tous les intéressés et ne pèsent pas uniquement sur certains propriétaires. Si l'intérêt privé doit être sacrifié à l'intérêt public, c'est à la condition d'un juste dédommagement; telle est la règle.

Les propriétaires voisins des travaux ne peuvent donc subir des dommages sans en être indemnisés.

Cela s'applique non seulement aux dommages produits par l'exécution des travaux, mais aussi aux dommages postérieurs à cette exécution et résultant soit de l'existence même de ces travaux, soit de leur exploitation, soit de leur utilisation. Il suffit que le dommage se produise à raison d'un ouvrage public pour que l'indemnité soit due et pour que le conseil de préfecture soit compétent (3).

---

1. Aucoc, t. II, n° 727.
2. Voir note : *Rec.* Panhard, 1903, p. 310. — C. cass., ch. civ., 5 mai 1885, D. P. 1885, I, 339, ville d'Orléans. — C. cass., ch. civ., 13 novembre 1900, D. P. 1901, I, 22, adm. des Postes.
3. Hauriou (4e éd.), p. 702. — Laferrière (2e éd.), t. II, p. 158 et suiv.

Ces diverses considérations justifient la responsabilité exceptionnelle qui pèse sur l'État et les établissements publics qui effectuent des travaux publics et sur leurs entrepreneurs ou concessionnaires.

3. — Mais cette distinction entre, d'une part, les travaux effectués par l'administration et analogues à ceux qu'aurait faits un simple particulier, et, d'autre part, les travaux dont l'importance dépasse ceux effectués dans une propriété privée, n'a pas été admise sans difficulté touchant certaines matières, et la jurisprudence a longtemps tâtonné.

C'est ainsi que la jurisprudence du Conseil d'État, avant 1883, refusait, comme nous le verrons, toute indemnité aux propriétaires dont les sources avaient été taries en totalité ou en partie par l'exécution de travaux publics, bien qu'excédant manifestement l'usage normal du droit de propriété [1]. Toutefois, le Conseil d'État avait décidé déjà que, dans certaines conditions, une indemnité pouvait être due. Par exemple, lorsque le tarissement de sources ou de puits résultait du percement d'un tunnel exécuté à l'aide de la mine [2].

Dès avant cette époque, des auteurs importants estimaient que l'on devait appliquer d'une manière générale la distinction précitée, distinction fondée en droit et en raison. M. Aucoc [3] disait: « Dans la plupart des cas, quand l'administration dépossède les citoyens de leur propriété ou porte atteinte à leur jouissance, elle agit dans l'exercice des droits conférés à l'autorité publique en vue de la satisfaction des besoins de la société. Elle n'en doit pas moins une indemnité, parce qu'il est de principe que, si l'intérêt privé doit être sacrifié à l'intérêt public, c'est à la condition d'un juste dédommagement. Mais nous ne voyons pas pourquoi l'administration serait tenue d'indemniser un particulier quand elle n'use pas des droits propres à l'autorité publique et se borne à invoquer les dispositions

1. Ainsi par l'établissement de tranchées et de tunnels de chemins de fer : C. d'Ét. 16 août 1860, D. P. 1861, III, 17 ; — 16 mars 1870, D. P. 1871, III, 28 ; — 14 décembre 1877, *Rec.* Panhard, p. 997 ; D. P. 1878, III, 62 ; — 11 juillet 1879, p. 605 ; D. P. 1880, V, 375. — *Rép. gén. du droit français*, v° *Chemins de fer*, n° 5976 et suiv.

2. C. d'Ét., 25 février 1881, *Rec.* Panhard, p. 240 ; D. P. 1883, III, 5.

3. *Conférences* (2e éd.), t. II, n° 725, p. 394.

du droit civil qui régissent les rapports de particulier à particulier. »

Ainsi que nous le verrons, la doctrine et la jurisprudence du Conseil d'État sont fixées en ce sens et distinguent avec soin le cas où, le dommage résultant de l'exercice normal du droit de propriété, aucune indemnité n'est due, et le cas où le dommage résultant de travaux publics excède les charges de voisinage et donne par suite droit à une indemnité [1].

4. — On a considéré comme constituant l'usage normal du droit de propriété et, en conséquence, ne donnant pas droit à une indemnité pour dommage : la diminution d'air et de lumière causée par la construction conforme à un alignement régulier, ou par l'exhaussement d'un édifice public [2].

De même que tout propriétaire, l'administration a, en effet, le droit de construire sur son terrain ; elle a aussi le droit de démolir, et lorsque des démolitions n'ont pas été faites dans des conditions exceptionnelles, le préjudice causé par la poussière en provenant ne donne pas droit à indemnité [3].

Dans le même ordre d'idées, tout propriétaire ayant le droit de relever le sol de son terrain, comme il peut y construire, le préjudice résultant de ce que, à raison de l'exhaussement d'un chemin, le jardin d'un couvent se trouve exposé aux regards des passants, ne justifie pas l'allocation d'une indemnité [4].

De même encore, les travaux d'excavations ayant eu pour effet

1. Voir notamment : Aucoc, *supra* (2e éd.), t. II, p. 156 et suiv. — Ducrocq (7e éd.), t. II, n° 590. — Hauriou (4e éd.), p. 701. — La même distinction entre l'usage normal du droit de propriété, l'établissement et l'existence de travaux excédant cet usage normal, pourrait être faite également en droit civil. Voir en ce sens : Paris 9 décembre 1904, *Rev. gén. d'adm.*, mars 1905, p. 331. D. P. 1905, II, 32. (Voisinage d'une école causant un dommage à un hôtel particulier). Il est d'ailleurs de principe certain que l'exercice du droit de propriété est soumis à la condition de ne pas occasionner de dommages à la propriété d'autrui, alors du moins que ces dommages constituent un abus et excèdent les inconvénients habituels du voisinage. (Voir notamment : C. cass. ch. req., 5 déc 1904, D. P. 1905, I, 77, Bonnet.)

2. C. d'Ét., 4 juillet 1874, *Rec.* C. d'Ét., p. 638 ; — C. d'Et., 29 mars 1901, p. 376, Desmons, D. P. 1902, III, 72, voir la note.

3. C. d'Ét., 6 avril 1870, *Rec.* C. d'Ét., p. 418, ville de Paris, D. P. 1871, III, 60, voir la note.

4. C. d'Ét. 28 mars 1879, *Rec.* Panhard, p. 274 ; D. P. 1879, III, 69. Cie des chemins de fer du P.-L.-M.

de troubler momentanément un puits situé dans une propriété voisine ne motiveraient pas une indemnité pour dommage si ces travaux n'ont pas excédé l'usage normal du droit de propriété [1].

Le droit de propriété comporte en effet le droit d'y faire des fouilles et des excavations, et la circonstance qu'une atteinte pourrait être portée aux puits ou aux sources du voisin ne donnerait pas droit à un dédommagement (art. 642, C. civil, loi du 8 avril 1898) [2].

Mais le droit de propriété privée, quelque absolu qu'il soit, comporte lui-même certaines restrictions. Tout propriétaire est limité dans l'exercice de son droit par le respect du droit égal du propriétaire voisin : il ne peut, en principe, lui causer aucun dommage [3].

5. — S'il en est ainsi du droit de propriété privée, il doit en être à bien plus forte raison de même, lorsqu'il s'agit de l'exercice des droits qui appartiennent à la puissance publique. Dans ce cas, en effet, les dommages causés aux propriétaires voisins peuvent prendre un caractère d'exceptionnelle gravité par suite de l'importance des travaux publics, de leur permanence, des conséquences onéreuses qui résultent de leur établissement, de leur fonctionnement, de leur utilisation. Si donc l'administration ne peut être tenue plus qu'un simple particulier lorsqu'elle exécute des travaux de la même nature et de la même importance que ceux que tout propriétaire pourrait effectuer, il est juste que sa responsabilité soit engagée d'une manière très stricte lorsqu'elle effectue des travaux d'utilité publique. Aussi admet-on que, même en dehors de toute faute, même lorsqu'elle ne dépasse pas les limites de ses droits, l'administration est responsable des dommages résultant de l'exécution de travaux publics. Telle est la portée très étendue que l'on attribue aux expressions : *torts et dommages*, dont se sert l'article 4, § 3 de la loi du 28 pluviôse an VIII [4].

Ainsi la responsabilité de l'administration ou de ses ayants cause,

1. Conf. C. d'Ét., 14 décembre 1853, D. P. 1853, III, 34, Hudelot.
2. *Rép. gén. du Droit français*, v° *Eaux*, n° 138 et suiv.
3. Aubry et Rau, t. II, § 194, p. 194. — *Rép. gén. du Droit français*, v° *Propriété*, n° 70 et suiv.
4. Aucoc, *Conférences*, t. II, n° 725 et 726, p. 394, 395. — Laferrière, t. II, p. 156.

dans la matière des travaux publics, bien qu'étant une application du principe général édicté par les articles 1382 et 1384 du Code civil et reproduit dans la loi du 16 septembre 1807, ne repose pas nécessairement sur une idée de faute. S'il y a détérioration de la propriété privée, à l'occasion de travaux publics, sans qu'il y ait acquisition de cette propriété, il en résulte un dommage ; ce dommage peut ne résulter d'aucune faute, mais il est la conséquence de l'ouvrage. Le caractère public de ce travail, sa nature exceptionnelle, son importance font que le dommage semble inhérent au travail public lui-même. On peut donc en conclure que la responsabilité, pour dommages nés de travaux publics, est autre que la responsabilité du droit civil, et trouve principalement sa raison d'être dans le droit public. On peut même dire que le caractère public de l'ouvrage lui donne une présomption d'importance exceptionnelle, d'où le droit à indemnité.

Si donc l'administration peut ne pas être responsable du dommage résultant de la construction ou de l'exhaussement d'un bâtiment, ou du creusement d'un puits, travaux faits dans les mêmes conditions que par un simple particulier, il n'en est pas de même lorsque l'administration creuse un canal de navigation, perce un tunnel de chemin de fer ou une tranchée, ou fait tout autre travail public important.

Ces travaux, eu égard à leur importance, sont de ceux que visent les lois du 28 pluviôse an VIII et du 16 septembre 1807, en ouvrant aux particuliers qui se plaignent de torts et dommages causés par des travaux publics une action en indemnité devant l'autorité administrative [1]. Non seulement on reconnaît le droit à indemnité pour les dommages que les travaux une fois effectués causent aux particuliers, mais aussi pour le préjudice occasionné pendant leur exécution et résultant de faits excédant l'exercice normal du droit de propriété [2].

6. — Énumérer les causes de dommages résultant de travaux publics qui donnent droit à indemnité serait aussi fastidieux qu'inutile ; nous nous proposons seulement d'exposer les principales causes de

1. On dit alors que le dommage est spécial.
2. Voir notamment : C. d'Ét. 16 novembre 1900, p. 630, Colarossi.

dommages, celles surtout qui ont donné lieu à plus de discussions en doctrine et jurisprudence, nous réservant d'examiner par la suite si la double condition de *directs* et de *matériels* est obligatoire pour que les dommages donnent droit à indemnité.

Les travaux publics exécutés soit directement par l'État, les communes et autres établissements publics, soit par les concessionnaires et entrepreneurs de travaux publics, donnent lieu à de très nombreuses demandes d'indemnité pour dommages. La jurisprudence du Conseil d'État abonde sur ces matières [1].

7. — Ainsi les opérations de voirie effectuées par l'État, les départements ou les communes causent souvent des dommages aux propriétaires riverains. Tantôt les accès à la voie publique sont supprimés [2] ou rendus plus difficiles [3]; tantôt la solidité d'une maison est compromise et ses accès modifiés par suite de l'abaissement de la voie publique [4], tantôt encore, par suite de l'exhaussement de la voie publique, les maisons mises en contre-bas éprouvent divers dommages, tels que défaut d'air et de lumière, humidité et même envahissement des eaux, difficultés d'accès [5].

Le percement de nouvelle voies, principalement dans les villes, peut être cause de nombreux préjudices. C'est ainsi que les démolitions faites par une ville pour effectuer une opération de voirie causent un dommage qui donne droit à une indemnité (par exemple à raison de la poussière [6]).

---

1. Voir les tables générales du *Recueil des arrets du Conseil d'État*, v° *Travaux publics*. Voir, relativement aux dommages causés par l'établissement des lignes télégraphiques et téléphoniques et l'application de la loi du 28 juillet 1885, F. San'aville, *De la responsabilité civile de l'État en matière de postes et de télégraphes* (1886, Berger-Levrault et Cie, éd.), n°s 46 et suiv.

2. Voir tables décennales du *Recueil des arrêts du Conseil d'État*, v° *Travaux publics*. — C. d'Ét., 15 mai 1903. *Rec.* Panhard, p. 376, commune de Larée.

3. Tables *id.*, *ibid.* — C. d'Ét. 17 janvier 1902, p. 28; — 14 mars 1902, p. 207; — 15 juin 1903, p. 442; — 17 juillet 1903, p. 520.

4. Voir les notes précédentes : C. d'Ét., 4 août 1902, *Rec.* Panhard, p. 639, Lassalle.

5. Voir les tables du *Recueil des arrêts du Conseil d'État* précitées. — Voir notamment : C. d'Ét. 16 novembre 1900, p. 630; — 14 décembre 1900, p. 768; — 21 décembre 1900, p. 809; — 29 mars 1901, p. 376; — 13 juin 1902, p. 455.

6. C. d'Ét., 8 août 1865, D. P. 1866, III, 28; — *Recueil des arrêts du Conseil d'État*, p. 770, Anglard. — C. d'Ét. 29 janvier 1904, *Rec.* Panhard, p. 79, ville d'Orléans. — Mais il en serait différemment si les démolitions n'avaient pas été faites dans des conditions exceptionnelles, le préjudice causé par la poussière ne donnerait pas lieu dans ce cas à une indemnité. C. d'Ét., 6 avril 1870, *Recueil des arrêts du Conseil d'État*, p. 418, ville de Paris, D. P. 1871, III, 60, voir la note.

Il a été jugé encore dans ce sens que les travaux exécutés par des compagnies de chemins de fer, soit en ouvrant des tranchées dans un boulevard (à Paris) pour y faire passer une ligne en souterrain, soit en remplaçant un passage à niveau par un pont, ne rentrent pas dans la catégorie des travaux que les riverains des voies publiques sont tenus de supporter sans dédommagement. Par suite, on a alloué des indemnités aux propriétaires et aux commerçants, tant à raison de la diminution de revenu des immeubles que du préjudice industriel résultant du ralentissement des affaires (1).

8. — En ce qui concerne les sources taries en totalité ou en partie par l'exécution des travaux publics, ainsi que par l'ouverture de tranchées ou de tunnels de chemin de fer, la jurisprudence du Conseil d'État a considéré pendant longtemps qu'il s'agissait de l'usage normal du droit de propriété (art. 641 C. civ.) et que par suite aucune indemnité n'était due (2).

Mais ce système ne cadrait pas avec les principes généraux en matière de dommages résultant de travaux publics, l'exécution de ces travaux dépassant trop, en règle générale, les droits de propriété privée pour qu'on puisse leur appliquer les règles du Code civil. Il n'y a pas lieu de distinguer entre le tarissement de sources ou tous autres dommages.

La jurisprudence du Conseil d'État s'est affirmée en ce sens depuis un arrêt du 11 mai 1883. Le Conseil d'État a reconnu que les propriétaires avaient droit à indemnité, lorsque leurs sources avaient été taries ou diminuées par suite du percement d'un tunnel de chemin de fer (3) ; ou de l'ouverture de tranchées de chemin de

1. C. d'Ét. 13 mai 1902, *Rec.* Panhard, p. 394 (deux arrêts).

2. Voir notamment : C. d'Ét. 16 août 1860, *Rec. C. d'Ét.*, p. 672 ; — 16 mars 1870, p. 307 ; — 14 décembre 1877, *Rec.* Panhard, p. 997 ; — 11 juillet 1879, p. 605. — *Rép. gén. du droit français*, v° *Chemins de fer*, n°s 5976 et suiv.

3. Voici comment cet arrêt est motivé : « Considérant que le travail exécuté par la Compagnie des chemins de fer de Paris-Lyon-Méditerranée, qui donne lieu à la demande en indemnité des requérants, a consisté dans l'ouverture, non de simples tranchées, mais d'un tunnel à travers des terrains dont le tréfonds a été acquis à cet effet par voie d'expropriation par la compagnie ; que ce travail, à raison de sa nature et de son importance, n'est pas de ceux auxquels s'applique l'article 552 du Code civil et qui ne peuvent donner ouverture à aucun droit à indemnité, comme constituant un usage normal du droit de propriété ; que les dommages causés par ledit travail sont, au contraire, de ceux que les lois ci-dessus visées du 28 pluviôse an VIII et du 16 septembre 1807 ont eus en vue, en ouvrant aux particuliers qui se

fer [1]; ou du percement d'un tunnel pour le passage d'un canal [2]; ou de fouilles, d'une manière générale, pour l'exécution de travaux publics [3].

9. — Les travaux exécutés par les villes et notamment par la ville de Paris, pour la dérivation de cours d'eau et pour le captage et l'adduction d'eaux de source, en vue de l'usage public des eaux, sont des travaux publics [4]. Ils rentrent bien dans cette catégorie de travaux exceptionnels excédant l'usage normal du droit de propriété et donnant par suite droit à indemnité.

Pour les prises d'eau effectuées sur les fleuves et rivières et pour les dérivations de ces cours d'eau en vue de l'alimentation des villes, il semble que la jurisprudence a toujours admis, en principe général, le droit à indemnité des riverains et des usiniers, privés des eaux, en totalité ou en partie.

Ainsi, lorsque par des travaux de prise d'eau sur un fleuve ou une rivière, la force motrice des usines s'est trouvée réduite ou supprimée, ou que la faculté d'irrigation et d'arrosage appartenant aux riverains leur a été retirée en totalité ou en partie, le Conseil d'État a reconnu qu'il y avait lieu d'allouer une indemnité aux intéressés.

---

plaignent de torts et dommages causés par des travaux publics, une action en indemnité devant l'autorité administrative ; qu'il suit de là que la compagnie n'est pas fondée à se prévaloir de son droit de propriété sur les ouvrages du tunnel pour se refuser à la réparation des dommages résultant de ses travaux ; — considérant, d'autre part, qu'il est établi en fait par l'expertise que lesdits travaux ont eu pour effet de faire disparaître ou de diminuer des sources dont les requérants jouissaient antérieurement pour l'irrigation de leurs propriétés ; qu'ainsi ces travaux leur ont causé un dommage..... » C. d'Ét. 11 mai 1883, sieur et dame Chamboredon, *Rec.* Panhard, p. 479, voir conclusions de M. Levavasseur de Précourt ; D. P. 1884, III, 121, voir la note. — *Rev. gén. d'adm.* 1883, II, 311. — Autres arrêts dans le même sens : C. d'Ét. 8 août 1885, *Rec.* Panhard, p. 796 ; — C. d'Ét. 4 décembre 1885, p. 935 ; — 21 avril 1893, p. 327 ; — C. d'Ét. 14 mars 1902, p. 203 ; Sirey, 1905, III, 14. — *Rép. gén. du droit français*, v° *Chemins de fer*, n°s 5980 et suiv.

1. C. d'Ét. 23 juillet 1897, *Rec.* Panhard, p. 582 ; D. P. 1898, III, 100, min. trav. publ., voir les notes. — Cf. Trib. confl. 21 novembre 1885, *Rec.* Panhard, p. 905, John Rose.

2. C. d'Ét. 22 mai 1885, *Rec.* Panhard, p. 549, Compagnie générale des eaux.

3. C. d'Ét. 29 février 1884, *Rec.* Panhard, p. 186.

4. Voir sur ces questions : Aucoc, *De la dérivation des sources pour l'alimentation des villes*, 1889. — Chomette, *Du droit des communes sur les eaux de source et de la dérivation de ces eaux par les communes*, 1898. — Fliche, *Régime légal des eaux de sources et des eaux thermales*, 1882. — De Lalande, *Législation annotée du régime des eaux*, 1895. — Note de M. P. Gérard, *Rec.* Panhard, 1886, p. 93.

Si l'usine est sur un cours d'eau navigable ou flottable et qu'elle soit fondée en titre, c'est-à-dire que son origine remonte avant 1566 ou résulte d'un acte de vente nationale, le droit à indemnité n'a jamais été douteux [1]. L'article 45 de la loi du 8 avril 1898 le reconnaît expressément.

On devrait admettre, pensons-nous, que même si l'usine n'était pas fondée en titre, la ville qui, en effectuant ses travaux, lui aurait causé un dommage, lui devrait réparation [2]. D'autre part, il a été jugé que l'exécution de travaux publics effectués, non dans l'intérêt du cours d'eau ou de la navigation, mais au profit d'une ville, et entraînant la suppression partielle ou totale de la concession, donne droit à un dédommagement au profit du concessionnaire [3].

Quant aux usiniers sur les cours d'eau non navigables ni flottables, leur droit à indemnité est admis par la jurisprudence, du moment où ils sont autorisés régulièrement (voir art. 14, loi du 8 avril 1898) [4].

D'une manière générale, ainsi que nous le verrons, les riverains d'un cours d'eau ont droit à indemnité si les travaux entrepris ont eu pour résultat de leur enlever en tout ou en partie la jouissance de ce cours d'eau, telle que faculté d'irrigation, d'arrosage, de puisage, etc. [5].

Mais on a refusé tout droit à indemnité à des habitants non riverains qui n'alléguaient aucun droit particulier sur les eaux d'un cours d'eau supprimé par une dérivation effectuée par la ville de Paris,

1. Dareste, p. 470. — Jurisprudence constante ; voir notamment : C. d'Ét. 8 décembre 1876, *Rec.* Panhard, p. 860 ; — C. d'Ét. 21 décembre 1877, p. 1034, Guerrier-Bonnet ; — 30 mai 1884, p. 456, ville de Paris ; — 5 février 1886, p. 124 ; — 13 novembre 1903, p. 675 ; — voir sur ce point : F. Sanlaville, *De l'occupation définitive sans expropriation*, n° 30, p. 111 et suiv. — La jurisprudence reconnaît maintenant que l'autorité judiciaire est compétente pour statuer sur l'indemnité à raison de la suppression du courant d'eau et de la force motrice, lorsque ces faits sont la conséquence de la dépossession d'une usine, dépossession effectuée par l'administration ; voir notamment : Trib. confl. 29 juin 1895, *Rec.* Panhard, p. 559, voir les notes ; — *Rev. gén. d'adm.* 1895, II, 441, voir les observations.

2. Voir note P. Gérard, *Rec.* Panhard, 1886, p. 95.

3. Dareste, p. 469. — Voir notamment : C. d'Ét. 13 août 1868, p. 939, et 30 juillet 1880, p. 714, Michel-Greyveldinger ; — comp. C. d'Ét. 23 janvier 1874, p. 78, hér. de Lavigne ; — F. Sanlaville, *De l'occupation définitive*, n° 29, p. 109. — Voir loi du 8 avril 1898, art. 45.

4. Dareste, p. 471. — C. d'Ét. 10 juillet 1869, p. 687, ville de Castres ; — 16 mars 1870, p. 297, Flachier ; — 12 avril 1878, p. 400, Avice.

5. Voir notamment : C. d'Ét. 13 février 1903, p. 138, ville de Paris.

parce qu'ils n'exerçaient qu'une faculté qui leur appartenait au même titre qu'à la généralité des habitants (¹).

10. — Mais si, au lieu d'une prise d'eau ou d'une dérivation effectuée sur un cours d'eau, il s'agissait de captage de sources pour l'alimentation d'une ville, on considérait que les règles du droit civil (art. 552, 641 et 642 C. civ.) étaient applicables. Par suite, propriétaire d'une source soit par voie d'expropriation, soit à l'amiable, une ville pouvait, comme tout autre propriétaire, faire tous les travaux qu'il lui convenait, sans être tenue d'indemniser les propriétaires voisins, à moins que ceux-ci n'établissent leur droit de propriété ou de jouissance de la source. Trois conditions étaient exigées par la Cour de cassation : 1° les travaux destinés à faciliter la chute et le cours de l'eau doivent être apparents ; 2° il faut qu'ils soient l'œuvre du propriétaire inférieur ; 3° ils doivent être exécutés sur le fonds supérieur (²).

Les villes, pour échapper au payement d'indemnités en faveur des intéressés, prenaient donc le parti d'acheter des sources à l'amiable.

D'autre part, le Conseil d'État sursoyait à statuer sur les demandes en indemnité, renvoyant les réclamants devant la juridiction civile pour justifier de leurs droits (³). Il en résultait que, vu la très grande difficulté que les propriétaires avaient à établir leurs droits dans les limites strictes imposées par la jurisprudence, aucune indemnité ne leur était allouée, ce qui constituait un véritable déni de justice. Les jurisconsultes les plus autorisés s'élevaient contre cette jurisprudence (⁴).

11. — Pour porter remède à cet état de choses et mettre fin à toute controverse, dans la mesure du possible, la section de l'inté-

1. C. d'Ét. 21 juin 1901, *Rec.* Panhard, p. 556, ville de Paris c. Vouge.

2. C. cass. 15 avril 1845, D. P. 1845, I, 254, Bouceret; — C. cass. 15 février 1854, D. P. 1854, I, 141, Roux et autres; — C. cass., ch. civ. 8 février 1858, D. P. 1858, I, 68, Compagnie des eaux du Havre; — C. cass., ch. civ. 23 janvier 1867, D. P. 1867, I, 159, Alric.

3. C. d'Ét. 10 mars 1864, *Rec. C. d'Ét.*, p. 239, commune de Salmagne; — 9 février 1865, p. 176, ville de Nevers : D. P. 1865, III, 82; — 15 avril 1868, D. P. 1869, III, 42, Vilarel; — C. d'Ét. 28 février 1890, *Rec.* Panhard, p. 236, Chareau, D. P. 1891, III, 65.

4. Voir notamment : Aucoc, *École des communes*, 1868, p. 191; — voir, sur cette question, l'exposé historique de M. P. Gérard : note sous C. d'Ét. 29 janvier 1886, *Rec.* Panhard, p. 93.

rieur et l'assemblée générale du Conseil d'État imposèrent comme règle que, lorsqu'une ville sollicitait la déclaration d'utilité publique de la dérivation d'un cours d'eau ou du captage d'une source, elle devait prendre l'engagement formel d'indemniser les usiniers et autres réclamants des dommages qu'ils pourraient prouver leur avoir été causés par l'exécution des travaux (1).

Le Conseil d'État a reconnu la validité de pareils engagements, pris par les communes et impliquant renonciation à se prévaloir des dispositions du Code civil (2).

En ce qui concerne la ville de Paris, l'article 4 de la loi du 5 juillet 1890 établit la responsabilité, dans les termes suivants : « La ville de Paris sera tenue d'indemniser, des dommages résultant de la dérivation des sources de la Vigne et de Verneuil, les propriétaires qui se servent des eaux émanant de ces sources, soit pour la mise en mouvement de leurs moulins et usines, soit pour l'irrigation de leurs terres, soit pour toutes autres causes. » (Art. 4 de la loi du 5 juillet 1890 [3].)

---

1. Notes sect. intérieur 29 novembre 1881 et 28 juillet 1885; notes 15 janvier et 10 juin 1891, *Notes de jurisprudence du Conseil d'État*, p. 104 et 105.

2. Voir notamment : C. d'Ét. 29 janvier 1886, *Rec.* Panhard, p. 93 (deux arrêts), affaire Viviant et affaire Rigoulet, voir note P. Gérard ; — 7 août 1886, p. 748, hér. Caron ; — 9 août 1893, p. 699, dame Blin. — Voir la note suivante ; — voir F. Sanlaville, *Occupation définitive*, p. 80 et 81.

3. C. d'Ét. 21 juin 1901, *Rec.* Panhard, p. 557, ville de Paris contre Saint ; — 12 juillet 1901, p. 636 ; — 16 mai 1902, p. 395 ; — 13 février 1903, p. 138.

« Considérant que les travaux exécutés par la ville requérante, pour le captage et l'adduction à Paris des eaux des sources de la Vigne et de Verneuil, en raison de leur nature et de leur importance, ne sont pas au nombre de ceux auxquels s'appliquent les articles 552 et 641 du Code civil et qui ne peuvent donner lieu à l'allocation d'aucune indemnité, comme constituant l'exercice normal du droit de propriété ; que c'est avec raison au contraire que le conseil de préfecture a décidé que les dommages qui ont pu être causés par les travaux susindiqués sont de ceux que la loi du 28 pluviôse an VIII a eus en vue, en ouvrant aux particuliers qui se plaignent des torts et dommages causés par l'exécution des travaux publics, une action en indemnité devant l'autorité administrative ; qu'il suit de là que la ville de Paris n'est pas fondée à se prévaloir de son droit de propriété sur les terrains où elle a pratiqué des tranchées profondes et posé ses conduites d'eau, pour se refuser à la réparation des dommages qui sont résultés des travaux par elle exécutés ;.....

« Considérant qu'il résulte de l'instruction, notamment de l'expertise, que l'exécution des ouvrages de la ville de Paris a eu pour conséquence de modifier les conditions d'écoulement des eaux souterraines qui alimentaient le Sausseron ; que le débit de ce ruisseau a été notablement réduit et qu'il en est résulté pour les usines..... une diminution de force motrice, à raison de laquelle des indemnités sont dues à ces usiniers ;..... » C. d'Ét. 12 juillet 1901, *Rec.* Panhard, p. 636, ville de Paris contre sieurs Sénéchal.

12. — Mais, même en dehors de tout engagement ou de droits établis par titres ou par prescription, logiquement on devrait admettre qu'une ville agissant dans l'intérêt général et effectuant des travaux ayant incontestablement le caractère de travaux publics (1) ne peut se prévaloir des dispositions des articles 552, 641 et 642 du Code civil. Les raisons que nous avons exposées et qui établissent que l'importance exceptionnelle des travaux publics ne peut se comparer à l'importance des travaux privés, existent avec non moins de force lorsqu'une ville détourne une source, des groupes de sources, voire même des rivières entières. Là encore, on ne saurait confondre les préjudices produits par des travaux privés, les seuls prévus dans le Code civil, avec les torts et dommages résultant de travaux publics, qui sont réglés par l'article 4 de la loi du 28 pluviôse an VIII et par la loi du 16 septembre 1807 (2).

C'est ce qu'a compris le Conseil d'État, et, par un revirement heureux de jurisprudence, il a appliqué aux dommages causés par la dérivation et le captage des eaux de sources les règles qu'il avait posées d'une manière générale en matière de travaux publics. Il a fait application de cette jurisprudence, soit que les sources aient été acquises par expropriation, soit qu'elles aient été acquises à l'amiable, et même sans qu'une déclaration d'utilité publique ait été préalablement prononcée (3).

Certains auteurs estiment que la solution admise par la jurisprudence, qu'il s'agisse de dérivation de cours d'eau ou de captage de sources, admettant dans l'un et l'autre cas la compétence du conseil

---

1. Dufour, t. VIII, n° 233. — *Rép. gén. du droit français*, v° *Commune*, n° 846. Si les travaux sont faits par un entrepreneur concessionnaire de la ville, ils ont le caractère de travaux publics. C. d'Ét. 3 avril 1903, *Rec.* Panhard, p. 309, voir la note.

2. Laferrière, t. II, p. 156. — Note P. Gérard précitée. — F. Sanlaville, *De l'occupation définitive sans expropriation, ut supra.*

3. C. d'Ét. 5 mai 1893, *Rec.* Panhard, p. 370, Sommelet ; *Rev. gén. d'adm.* 1893, t. II, 409, voir note de M. Levavasseur de Précourt ; D. P. 1894, III, 49, voir la note ; — 9 août 1893, p. 699, dame Blin ; — 1er mars 1895, p. 206, Torilhon ; — 12 février 1897, p. 121, ville de Caen ; — 8 juillet 1898, p. 545, commune de Rolampont ; — 21 février 1902, p. 135, Compagnie générale des eaux contre dame Blin. — Trib. confl. 7 juin 1902, p. 437 ; *Rev. gén. d'adm.* 1902, t. III, 55. — C. d'Ét. 13 mars 1903, p. 241. La même solution doit être admise, alors même que la source dérivée appartient à la commune depuis un temps immémorial. C. d'Ét. 4 août 1902, p. 636, commune de Sillé-le-Guillaume ; D. P. 1904, III, 40. Mais l'action intentée par le propriétaire de la source soulevant une question de propriété est de la compétence judiciaire. Trib. confl. 7 juin 1902, p. 438, Parazols.

de préfecture, et l'indemnité pour dommages résultant de travaux publics, trouve sa justification pleine et entière dans le nouvel article 643 du Code civil. Cet article dit en effet que la source est solidaire de l'eau courante lorsque, dès la sortie du fonds d'origine, elle forme un cours d'eau que l'on peut qualifier d'eau publique et courante (1).

13. — Lorsque la suppression d'une prise d'eau autorisée sur un cours d'eau navigable ou flottable, ou lorsqu'un dommage causé aux riverains résulte par exemple de la contamination des eaux, contamination produite par un travail public effectué par une ville dans un intérêt communal, une indemnité doit être allouée. Ainsi, il a été jugé qu'une indemnité était due à raison du déplacement d'une prise d'eau, nécessité par l'établissement du grand égout collecteur de Paris, débouchant à Asnières et rendant insalubres les eaux de la Seine (2).

Dans le même sens, des indemnités ont été allouées à raison du déversement des eaux d'égout dans la Seine, par application du système du *tout-à-l'égout* (3).

D'une manière générale, si les travaux publics portent atteinte aux droits des riverains d'un cours d'eau, réparation leur est due (4).

14. — Ainsi, un des caractères principaux des *torts et dommages,* pour qu'ils donnent droit à indemnité, est qu'ils résultent de travaux d'une importance et d'une nature telles qu'ils excèdent les travaux faits dans l'exercice normal du droit de propriété.

Mais il faut que ces dommages soient produits par des ouvrages ayant le caractère juridique de travaux publics, ou par des opérations et mains-d'œuvre concourant à l'exécution de ces travaux (5).

---

1. Hauriou (4e éd.), p. 575 et 576, note. — L'article 643 du Code civil, modifié par la loi du 8 avril 1898, s'exprime en ces termes : « Si, dès la sortie du fonds où elles surgissent, les eaux de sources forment un cours d'eau offrant le caractère d'eaux publiques et courantes, le propriétaire ne peut les détourner de leur cours naturel au préjudice des usagers inférieurs. »
2. C. d'Ét. 13 août 1868, *Rec.* Panhard, p. 939, Michel-Greyveldinger ; — comp. 30 juillet 1880, p. 714, même affaire, voir la note. — F. Sanlaville, *De l'occupation définitive sans expropriation,* n° 28, p. 105.
3. C. d'Ét. 18 mars 1904, *Rec.* Panhard, p. 249 (quatre arrêts).
4. C. d'Ét. 5 février 1886, *Rec.* Panhard, p. 124, ville de Nantes, voir la note.
5. Aucoc, t. II, n° 743. — Laferrière, t. II, p. 160.

Ainsi, lorsqu'un travail est la condition nécessaire de l'exécution d'ouvrages déclarés d'utilité publique, il est compris dans cette déclaration, bien qu'il n'y ait pas été expressément prévu (1).

Il faut tout au moins que le travail, cause du dommage, se rattache intimement à l'exécution des travaux publics par un lien indivisible (2). Le travail conserve son caractère de travail public, bien qu'il n'ait pas été régulièrement autorisé (3), ou bien qu'il y ait eu des fautes ou des irrégularités commises dans son exécution (4). Enfin, nous avons vu que non seulement l'exécution des travaux publics, mais aussi leur fonctionnement, leur exploitation, une fois qu'ils sont établis, donnent droit à une indemnité pour dommages.

II

15. — La seconde condition que nous nous proposons d'envisager pour que le dommage résultant des travaux publics donne droit à indemnité, c'est que ce dommage porte une atteinte réelle et effective à la propriété privée, que celle-ci subisse une véritable diminution de valeur.

A ce second point de vue, nous nous proposons d'examiner le dernier état de la jurisprudence.

Dans de très nombreux arrêts, le Conseil d'État n'a alloué d'indemnité que si les dommages étaient « *directs et matériels* ». Par le mot *direct,* il fallait que le dommage fût la conséquence immédiate et non pas éloignée du fait de l'administration, et par le mot *matériel,* il fallait que le dommage consistât dans une diminution de valeur ou dans une privation de jouissance facilement appréciable (5).

---

1. C. cass., ch. req. 7 janvier 1868, D. P. 1868, I, 113, Dieuzaide. — Aucoc, t. II, n° 743. — Laferrière, t. II, p. 160.

2. Ainsi on a jugé que les expériences de pyrotechnie faites par l'État, en vue d'opérer la démolition d'ouvrages militaires déclassés (fortifications d'Arras) qu'il s'était engagé à effectuer, se rattache à l'exécution d'un travail public. C. d'Ét. 14 janvier 1898, *Rec.* Panhard, p. 19.

3. C. d'Ét. 15 mai 1903, *Rec.* Panhard, p. 376, commune de Larée.

4. Trib. confl., 30 juin 1894, *Rec.* Panhard, p. 452, Losser; — C. d'Et. 30 avril 1898, p. 345, aff. Ravel d'Esclapon; — 29 juillet 1898, p. 608, Bertrand. — Voir pour analogie : C. cass., ch. civ. 1er décembre 1902, D. P. 1903. I, 87.

5. Voir pour l'exposé de cette question : Dareste, *La Justice administrative* (2e éd.), p. 465. — Aucoc (2e éd.), t. II, n° 727. — Hauriou (4e éd.), p. 700. — *Rép. gén. du droit français,* v° *Chemins de fer,* nos 588 et suiv., et v° *Travaux publics.*

Aucun texte n'exige cette double condition, et on a critiqué vivement cette obligation que la jurisprudence imposait d'une manière que l'on a qualifiée d'arbitraire (1). D'ailleurs, le point de savoir si un dommage est direct et matériel se résout en une question de fait plus qu'en une question de droit. Toutefois la formule du Conseil d'État devait être considérée comme n'imposant pas des conditions absolues et la jurisprudence a montré, dans nombre de cas, combien elle entendait poser une règle non pas inflexible, mais bien au contraire très large et très souple. C'est dans ce sens que l'interprète M. Aucoc : « Le Conseil d'État a-t-il voulu dire qu'il faut que la propriété soit touchée par le travail public, par la pioche des ouvriers ou par l'ouvrage exécuté, de telle sorte qu'un remblai dont le pied touche au mur donne droit à indemnité, et que ce droit disparaîtrait si le remblai était à quelques centimètres ? Non. Le Conseil a voulu dire, par le mot direct, qu'il fallait que le dommage consistât dans une diminution de valeur, ou dans une privation de jouissance facilement appréciable (2). »

Entendue ainsi, la formule adoptée par le Conseil d'État ne présenterait pas de danger. Malheureusement elle peut être interprétée d'une manière trop stricte, trop étroite, elle peut être prise trop au pied de la lettre. Aussi il nous semble que les expressions « *direct et matériel* », que le Conseil d'État s'abstient d'ailleurs d'employer actuellement, pourraient être totalement retranchées. Cette formule, en effet, a le défaut de vouloir préciser avec trop de rigueur le droit à indemnité, et cette précision paraît refuser un droit dans une foule de cas où ce droit est incontestable, ainsi que la jurisprudence l'a maintes fois reconnu.

16. — Que l'on ne puisse pas réclamer d'indemnité pour dommages dans des cas où les travaux publics ne sont qu'une cause très éloignée et indirecte, cela ne paraît pas contestable.

Il est certain que l'on ne peut considérer comme donnant droit à indemnité des dommages produits d'une manière tout à fait indirecte par l'exécution de travaux publics dont ils ne sont qu'une

---

1. Christophe et Auger, *Travaux publics*, t. II, n° 2295, p. 385. — Voir aussi concl. de M. de Belbeuf sous C. d'Ét., 4 février 1869, *Rec. arr. C. d'Ét.*, p. 106-107, note.

2. Aucoc (2e éd.), t. II, n° 727.

conséquence éloignée. On cite comme exemple la suppression des maîtres de poste par suite de l'établissement de chemins de fer, la diminution de clientèle d'un aubergiste résultant de l'établissement d'une ligne ferrée parallèle à la route, la diminution de valeur des propriétés situées sur d'anciennes voies dont la circulation est diminuée par suite de l'ouverture d'une voie nouvelle, etc. [1].

Mais doit-on considérer comme se rattachant directement à l'exécution de travaux publics, les travaux effectués par les simples particuliers, agissant pour leur propre compte et ne représentant à aucun titre la personne civile (État, département, commune, etc.), par le motif que ces travaux privés se rattacheraient par un lien plus ou moins étroit à l'exécution de travaux publics, par exemple à des opérations de voirie ?

17. — Nous avons vu déjà et nous savons que les travaux de démolition exécutés par une ville pour l'établissement ou pour l'élargissement d'une rue, en vertu d'un décret déclaratif d'utilité publique, causant des dommages aux propriétaires voisins (par exemple, par suite de la poussière), donnent droit à indemnité [2]. Mais la question peut se présenter un peu différemment : il peut se faire que le dommage résulte non de travaux effectués par la ville elle-même ou ses représentants, mais de démolitions et de reconstructions faites par un particulier. C'est ce qui s'était présenté dans

---

1 Aucoc, t. II, n° 727. — A. Gautier, *Précis des matières administratives dans leurs rapports avec les matières civiles*, p. 408.

2. C. d'Et., 8 avril 1865, *Rec. C. d'Ét.*, p. 770, D. P. 1836, III, 28, Anglard. — Un arrêt du Conseil d'État du 29 janvier 1904 est conçu en ces termes :

« Considérant, d'une part, qu'il résulte de l'expertise que les travaux dont s'est plaint le sieur Cahen ont été effectués pour le compte de la ville d'Orléans et ont uniquement pour objet l'ouverture d'une nouvelle voie ainsi que l'élargissement de la rue Adolphe-Crespin ; que, par leur importance et leur durée, ils ont excédé la mesure de ceux que les riverains des voies publiques sont tenus de supporter sans indemnité ; que, dans ces circonstances, c'est à bon droit que le conseil de préfecture a déclaré la ville d'Orléans responsable des dommages causés au sieur Cahen par leur exécution ; — Considérant, d'autre part, qu'il n'est pas établi qu'en allouant au sieur Cahen une indemnité de 3 000 fr. en réparation du préjudice résultant de la détérioration des marchandises contenues dans ses magasins par les poussières provenant des travaux, le conseil de préfecture ait fait de ce dommage une inexacte application ;

« Sur le recours incident : considérant que le sieur Cahen ne justifie pas que la diminution du chiffre de ses affaires dans les années 1897 à 1900, ainsi que la perte totale de son fonds de commerce soient dues auxdits travaux ; qu'ainsi le recours incident n'est pas fondé..... » C. d'Ét., 29 janvier 1904, *Rec.* Panhard, p. 79, aff. ville d'Orléans contre Cahen.

l'arrêt du 29 janvier 1904 cité en note. Voici l'espèce : une ville revend à des particuliers des terrains dont elle était propriétaire, en bordure de la voie nouvelle ; les travaux effectués par ces particuliers sur les terrains dont ils ont acquis la propriété doivent-ils être considérés comme compris dans l'opération de voirie et la ville être responsable du dommage ?

Le conseil de préfecture avait décidé que la ville était responsable des dommages causés tant par les travaux de démolition effectués par elle directement que par les démolitions et les reconstructions effectuées par les acquéreurs des terrains en bordure, pour le motif notamment que la revente en masse comme terrains à bâtir, et les travaux effectués en conséquence se rattachent par un lien indivisible à l'opération de voirie dont il s'agit. Il est à remarquer que le Conseil d'État n'a pas reproduit les considérants de l'arrêté du conseil de préfecture touchant les dommages produits par les travaux des particuliers, mais se base d'une manière générale sur les dommages résultant des travaux effectués pour le compte de la ville.

18. — Il nous semble en effet difficile d'admettre que les travaux de démolition et de reconstruction exécutés par des simples particuliers puissent, d'une manière générale, être considérés comme se rattachant à des opérations de voirie. Qu'on le remarque bien, les terrains en bordure, revendus par la ville, ne font pas partie du domaine public, mais constituent des propriétés privées. Les travaux qu'y effectuent les acquéreurs ne peuvent prendre le caractère de travaux publics. D'une part, ces acquéreurs n'agissent pas comme représentants, entrepreneurs ou concessionnaires de la ville, mais comme particuliers agissant pour leur propre compte. D'autre part, le fait que l'alignement a été délivré à ces particuliers ne suffit pas pour rattacher directement les travaux effectués, démolition et reconstruction, à l'opération de voirie (1). Autrement, en effet, tous les travaux faits par les particuliers après la délivrance de l'alignement pourraient prendre ce caractère, ce qui serait absurde.

En réalité, et d'une manière générale, le fait de la délivrance de

1. Il est évident que la délivrance de l'alignement ne peut donner aux travaux faits par des particuliers le caractère de travaux publics. C. cass., ch. civ., 23 novembre 1868, D. P. 1869, I, 33, Cardeau. — On ne doit pas considérer comme un travail public tout travail autorisé par l'administration (Aucoc, t. II, n° 742).

l'alignement n'oblige en aucune façon les propriétaires riverains à démolir ou à construire à cet alignement, ils peuvent ou conserver les anciennes constructions qui couvrent leur terrain, ou laisser leur terrain nu sans y élever aucun bâtiment. En principe général, ils ne sont pas obligés de démolir ou de construire. Donc, s'ils démolissent ou s'ils construisent, ce sont des faits qui sont indépendants de l'opération de voirie et qui ne s'y rattachent pas obligatoirement.

Cependant on pourrait peut-être rattacher à l'opération de voirie la démolition de constructions empiétant sur la voie publique, dans le cas où cette démolition est obligatoire (1). D'autre part, si la ville avait mis comme condition aux acquéreurs, l'obligation de démolir et de construire sur les terrains qu'elle leur a vendus, spécialement si ces travaux devaient être faits dans un délai déterminé (2), on pourrait considérer que ces travaux se rattacheraient à l'opération de voirie, à l'exécution des travaux publics, et dire que les dommages produits par les travaux de démolition et de reconstruction donnent lieu à des indemnités à la charge de la ville. Cette solution semblerait d'autant plus admissible dans le cas où les travaux devraient être achevés dans un délai déterminé, la précipitation et la simultanéité de leur exécution donnant bien le caractère d'importance exceptionnelle aux dommages. Cependant le recours en indemnité contre l'administration, la ville en l'espèce, semblerait devoir être admis difficilement, car on ne peut considérer, même dans ce cas, le dommage comme se rattachant d'une manière directe aux travaux publics, puisqu'il s'agit de l'exécution de conditions, non de l'alignement ou de l'opération de voirie, mais d'un contrat de vente, passé entre une ville et un simple particulier.

D'une manière générale, on ne peut étendre la responsabilité d'une personne civile, telle que l'État ou une commune, à des travaux privés effectués par des simples particuliers agissant pour leur propre compte, parce que ces travaux seraient la conséquence plus ou moins directe de travaux publics.

---

1. Conf. *Rép. gén. du droit français*, v° *Alignement*, nos 716 et suiv. — Delanney, *De l'Alignement*, p. 44.

2. La ville, en vendant les terrains, peut mettre à cette vente diverses conditions, voir notamment les exemples cités : Aucoc, t. III, n° 1052.

19. — Dans une autre affaire [1] l'administration soutenait que la demande d'indemnité était basée non sur l'exécution de travaux publics, mais sur la construction d'une maison à laquelle la ville était restée étrangère. Le Conseil d'État a appuyé sa décision reconnaissant droit à indemnité pour dommages, sur les motifs que la désaffectation et la transformation de terrains à bâtir d'une voie publique (comblement d'un canal), exécutées, soit dans un but de salubrité publique, soit en vue de l'ouverture d'une voie nouvelle, avaient bien le caractère d'un travail public dans le sens de l'article 4 de la loi du 28 pluviôse an VIII.

Le dommage ne résultait donc pas de la construction de maisons par un particulier, mais de la transformation du terrain effectuée par la ville, transformation qui se rattachait à une opération de voirie et qui avait pour conséquence de retirer aux propriétaires riverains les avantages de la proximité de la voie publique.

Il s'agissait donc en réalité d'un dommage analogue à celui qui résulte de l'exhaussement ou de l'abaissement d'une voie publique, ou de la diminution des facilités d'accès, toutes choses qui, nous le savons, donnent droit à indemnité pour dommages.

20. — On assigne, avons-nous vu, un autre caractère juridique au dommage : on dit que le dommage doit être *matériel,* c'est-à-dire que la propriété privée soit atteinte, par la proximité de l'ouvrage public, dans un de ses éléments physiques [2]. Nous savons déjà que cette expression doit être entendue dans un sens très large, que l'atteinte matérielle ne résulte pas nécessairement du coup de pioche du démolisseur [3]. Nous allons voir que la jurisprudence admet avec raison une très grande extension et nous en conclurons aussi que l'expression *matériel,* qui ne se trouve dans aucun texte de loi, pourrait être exclue sans inconvénient de la terminologie juridique.

Ainsi, on a reconnu un droit à indemnité par suite d'opérations de voirie et de travaux publics en général : non seulement lorsque les constructions riveraines ont été ébranlées par les travaux effectués sur la voie publique [4], ou inondées ou rendues humides par les

1. C. d'Ét., 18 juillet 1884, *Rec.* Panhard, p. 640, veuve Screpel, voir la note.
2. Hauriou (4e éd.), p. 700.
3. Aucoc, t. II, no 727.
4. C. d'Ét., 4 août 1902, p. 639, Lassalle.

eaux d'égout ou les eaux pluviales [1]; mais aussi lorsque les modifications, difficultés ou suppression d'accès des maisons riveraines à la voie publique, ou simple dépréciation, causées par les opérations de voirie (exhaussement, abaissement, détournement de la voie publique, etc.), sont des dommages dont il est dû réparation [2].

Constituent encore des dommages donnant droit à indemnité :

La privation d'air et de lumière, l'insalubrité subies par des immeubles à la suite de l'exécution de travaux publics [3]; les poussières causées par les travaux, notamment par les démolitions [4];

La perte d'ombrage et de vue d'une propriété d'agrément [5]; l'obstacle causé au vent par des remblais et des dépôts de matériaux, de telle sorte qu'un moulin à vent ne puisse plus fonctionner [6]; la fumée des locomotives d'un chemin de fer [7];

---

1. Aucoc, t. III, n° 1487. — C. d'Ét., 5 avril 1895, *Rec.* Panhard, p. 339, D. P. 1896, V, 577, voir les notes; — 16 novembre 1900, p. 630; — 14 décembre 1900, p. 768; — 21 décembre 1900, p. 809; — 13 juin 1902, p. 456, Bessière; — voir aussi Trib. confl., 4 décembre 1897, *Rev. gén. d'adm.* 1898, t. I, 161.

2. Voir notamment : Aucoc, *ut supra;* — Dareste, p. 465; — *Table arr. C. d'Ét.* 1859-1874, t. II, p. 644; — C. d'Ét., 30 juillet 1857, D. P. 1858, III, 34-35; — 4 février 1869, *Rec. C. d'Ét.*, p. 106, comm. de Belbeuf; — 13 décembre 1872, p. 726; — 12 mai 1876, *Rec.* Panhard, p. 446; — 14 juillet 1876, p. 689; — 10 février 1893, p. 129; — 17 janvier 1902, p. 28; — 29 mars 1901, p. 371 (deux arrêts); — 14 mars 1902, p. 207; — 4 août 1902, p. 639, Lassalle; — 15 mai 1903, p. 376, comm. de Larée; — 15 juin 1903, p. 520; — 17 juillet 1903, p. 442. — De même si l'accès a été rendu plus difficile seulement pendant l'exécution des travaux. C. d'Ét., 22 mai 1896, p. 439. — Ainsi encore, si une maison a été mise en contre-bas, par exemple, par la construction d'un remblai de chemin de fer, il y a dommage donnant droit à indemnité. C. d'Ét., 13 avril 1881, p. 453. — Mais l'allongement de parcours causé par des opérations de voirie et la perte de clientèle en résultant ne peuvent donner lieu à une indemnité pour dommages. C. d'Ét., 18 avril 1902, p. 289 (deux arrêts). — La compétence du conseil de préfecture est évidente dans tous ces cas. Tr. confl. 15 novembre 1879, *Rec.* Panhard, p. 713, voir les notes.

Il a été jugé aussi que l'abaissement des eaux d'un lac, ayant produit l'affaissement de terrains voisins et l'ébranlement des maisons, donnait droit à indemnité. C. d'Ét., 24 février 1865, *Rec. C. d'Ét.*, p. 251, synd. du lac de Nantua.

3. Aucoc, t. III, n° 1487; — Dareste, p. 466; — C. d'Ét., 10 décembre 1857, p. 804; — 3 juillet 1861, p. 583; — 25 mars 1867, p. 308; — 16 mai 1872, p. 323.

4. C. d'Ét., 8 août 1865, *Rec. C. d'Ét.*, p. 770, Anglard; — 29 janvier 1904, p. 79, ville d'Orléans.

5. C. d'Ét., 19 juillet 1878, p. 733. — Mais voir C. d'Ét., 25 mars 1867, p. 308.

6. C. d'Ét., 31 janvier 1890, p. 111; *Rev. gén. d'adm.* 1890, t. III, 55. — Mais voir *contra* : C. d'Ét., 10 janvier 1856, D. P. 1856, III, 66.

7. Jurisprudence constante. Voir notamment : C. d'Ét., 19 juillet 1902, p. 539. — Ainsi a donné droit à indemnité le préjudice causé par la fumée des locomotives d'une ligne de chemin de fer à des fabricants de rubans de Saint-Étienne. C. d'Ét., 6 mai 1887, p. 372, voir la note.

Les mauvaises odeurs résultant d'urinoirs publics établis par une ville ou de latrines d'une caserne ou d'un hôtel des postes (1).

21. — Nous n'entrerons pas actuellement dans l'intéressante discussion qui s'est élevée sur la compétence du tribunal apte à juger s'il y a exploitation commerciale ou entreprise de travaux publics.

Ces questions se sont présentées surtout relativement aux chemins de fer (2).

Pour le moment, laissant de côté ces questions de compétence, nous examinerons le dommage en lui-même.

Or, la jurisprudence admet le droit à indemnité pour dommages résultant de travaux publics, lorsque des dégradations aux immeubles sont déterminées ou aggravées par le passage des trains ou les manœuvres de la voie de chemins de fer ou de tramways (3).

Mais certaines décisions disent que le bruit et la trépidation produits par le passage des trains ne constituent pas, en l'absence de toute dégradation des immeubles, des dommages de nature à donner ouverture à indemnité (4). Ces solutions peuvent donner lieu à critique ; en effet, nous venons de voir qu'en maintes circonstances une indemnité était due alors même qu'aucune dégradation

---

1. Alors surtout que l'on relevait une installation défectueuse ou un défaut d'entretien. Dareste, *ut supra*. — C. d'Ét., 28 novembre 1903, *Rec.* Panhard, p. 739 ; — C. d'Ét., 18 août 1856, D. P. 1857, III, 21. — Voir aussi Trib. confl., 4 août 1900, *Rec.* Panhard, p. 539 et les renvois.

2. Aucoc, t. III, nos 1502 et suiv. — Laferrière (2e éd.), t. II, p. 161 et suiv. — *Rép. gén. du droit français*, vo *Chemins de fer*, nos 5805 et suiv.

3. Laferrière (2e éd.), t. II, p. 161. — *Rec. arr. C. d'Ét., Table gén.* 1859-1874, t. II, p. 658. — Voir note sous C. d'Ét., 6 mai 1887, *Rec.* Panhard, p. 372. — C. d'Et., 16 mai 1879, *Rec.* Panhard, p. 401, voir la note ; — 13 avril 1881, p. 453 ; — 24 novembre 1882, p. 933 ; — 26 décembre 1884, p. 970 ; — 19 mars 1886, p. 271 ; — 18 avril 1902, p. 290 ; — C. d'Ét., 6 mai 1903, p. 194, Compagnie des tramways de Cannes.

4. C. d'Ét., 8 décembre 1899, *Rec.* Panhard, p. 727 ; — 25 mars 1867, p. 308. — Cons. de préf. de la Seine, 4 décembre 1903, *Jurisprud. des cons. de préf.*, 1904, p. 138 ; cette dernière décision, relative au chemin de fer métropolitain de Paris, se base, pour refuser une indemnité, sur ce que le bruit et la trépidation de ce chemin de fer ne dépasseraient pas en intensité ceux du même genre auxquels sont soumises les propriétés voisines des voies ferrées ou des voies publiques incessamment parcourues par de nombreux modes de locomotion.

Le bruit seul peut causer aux propriétés particulières un véritable dommage. Ainsi il a été jugé que le bruit que font les élèves d'une école primaire publique contiguë à un hôtel particulier, dépassait les limites de la tolérance de voisinage et causait un préjudice dont il était dû réparation. Paris, 9 décembre 1904, *Rev. gén. d'adm.*, mars 1905, p. 331.

matérielle n'était causée aux immeubles (difficulté d'accès, privation d'air, etc.), si le bruit et la trépidation nuisent aux immeubles, en rendent l'habitation désagréable ou impossible, s'il y a, de ce fait, une diminution ou même une perte complète de leur valeur vénale ou locative, nous estimons qu'une indemnité pour dommages ne pourrait être refusée. Les expressions *torts* et *dommages* sont très larges, et il semble notamment que l'expression *torts* laisse supposer une atteinte au droit sans atteinte matérielle. La jurisprudence du Conseil d'État a d'ailleurs une heureuse tendance à admettre de plus en plus le droit à indemnité du moment où la gêne ou l'incommodité dépasse les obligations ordinaires du voisinage (1). Le bruit, la trépidation peuvent être de cette nature, mais c'est surtout une question de fait, selon que la gêne est plus ou moins considérable, la dépréciation forte ou insignifiante. C'est à cette règle que l'on doit principalement s'attacher. C'est ainsi que les modifications peu sensibles des accès à la voie publique, ou l'allongement de parcours, ne donnent pas droit, en principe, à une indemnité aux termes de la jurisprudence (2). C'est ainsi que l'on peut considérer que le bruit des sifflets des locomotives de chemin de fer ne peut pas constituer, en règle générale, un dommage appréciable pour les propriétés voisines (3).

Mais l'atteinte matérielle ne peut être le *criterium* obligatoire. Ainsi nous avons vu le droit à indemnité reconnu pour des accès rendus plus difficiles, pour privation d'air et de lumière, pour les mauvaises odeurs.

22. — Enfin, des dommages de toute nature peuvent naître des nouvelles découvertes de la science, et être produits par des inventions nouvelles, sans que pour cela il y ait un contact absolument matériel.

C'est ainsi que l'on a pu décider, avec juste raison, que la mise en exploitation d'une ligne de tramway électrique occasionnant un trouble constant aux appareils magnétiques d'un observatoire scien-

1. Voir notamment : C. d'Ét., 15 mai 1891, *Rec.* Panhard, p. 404; — C. d'Ét., 6 décembre 1895, p. 805. — Voir sur ces diverses questions : *Rép. gén. du droit français*, v° *Chemins de fer*, n°s 5882 et suiv.

2. C. d'Ét., 4 juillet 1890, *Rec.* Panhard, p. 641 ; — 18 avril 1902, p. 289 (deux arrêts). — Voir aussi Dareste, p. 466.

3. Aucoc, t. II, n° 727.

tifique, lesquels sont devenus de la sorte inaptes à leur destination et partant inutilisables en leur place actuelle, constituait un dommage donnant lieu à indemnité dans les termes de l'article 4 de la loi du 28 pluviôse an VIII (1).

Le droit est établi, pensons-nous, du moment que le dommage consiste dans une diminution de valeur ou dans une privation de jouissance (2).

23. — Un des exemples les plus caractéristiques de dommages que la jurisprudence considère comme se rattachant à l'exécution de travaux publics, bien que le lien paraisse fragile et que le double caractère de *direct et de matériel* semble peu applicable, est le cas où l'on alloue une indemnité pour refus d'alignement. Lorsque l'autorité compétente, selon les cas le préfet ou le maire, ou, à Paris, le préfet de la Seine, refuse de délivrer un alignement qui lui est régulièrement demandé, ou diffère de délivrer l'alignement, ou y met des conditions autres que celles établies par les lois, dans un intérêt de voirie (3), cette autorité commet un excès de pouvoir, car l'alignement est un droit pour le propriétaire riverain d'une voie publique et il ne peut lui être légalement refusé. L'acte portant refus est donc susceptible d'être annulé pour excès de pouvoir (4).

De même, l'administration commettrait un excès de pouvoirs en ne répondant pas à la demande d'alignement (5).

En conférant au préfet ou au maire, selon les cas, un droit de

---

1. Conseil de préfecture des Alpes-Maritimes, 27 février 1904, *Rev. gén. d'adm.*, octobre 1904, p. 196.

2. Aucoc, t. II, n° 727.

3. *Rép. gén. du droit français*, v° *Alignement*, n°s 605 et suiv. — Delanney, *De l'Alignement*, p. 171.

4. Aucoc (2e éd.), t. I, n° 298; t. III, n°s 1051, 1052 et suiv. — Delanney, *De l'Alignement*, p. 166 (Berger-Levrault et Cie, édit., 1893, [3e éd.]). — Guillaume, *Traité pratique de la voirie urbaine*, n° 157. — Frémy-Ligneville et Perriquet, *Traité de la législation des bâtiments*, t. I, n°s 298 et 307. — *Rép. gén. du droit français*, v° *Alignement*, n° 510 et suiv., v° *Rues et places*, n° 160 et suiv. — Dalloz, *Code des lois polit. et admin.*, t. III, v° *Voirie*, n°s 6247 et suiv. — Jurisprudence constante du Conseil d'État : Voir notamment : C. d'Ét., 2 mai 1861, *Rec.* Lebon, p. 329; — 5 mai 1865, p. 494; — 12 janvier 1883, *Rec.* Panhard, p. 32; 23 février 1883, p. 207; — 16 juillet 1886, p. 614. — Voir notamment C. d'Ét., 8 août 1892, *Rec.* Panhard, p. 702, de Molembaix, voir en note observ. de M. Romieu.

5. Voir les autorités citées dans la note précédente, et notamment : C. d'Ét., 11 juin 1866, Sirey, 1866, II, 335, Chabanne. Voir conclus. de M. Aucoc.

police sur les constructions bordant les voies publiques, les lois et règlements sur la voirie ont eu pour unique but de donner, au préfet ou au maire, les moyens d'assurer la salubrité et la sécurité publique, d'empêcher l'empiétement sur les voies publiques, etc. Mais si l'autorité compétente use de son pouvoir, non dans l'intérêt général, mais au profit et dans l'intérêt de la ville ou de la commune, si le but effectif et réel, bien que non exprimé, du refus d'alignement, est l'intérêt pécuniaire de la ville ou de la commune, l'autorité compétente détourne son pouvoir de sa véritable destination, elle commet une illégalité en vue de rendre moins onéreuse, pour la ville ou la commune, l'exécution de travaux projetés. Si donc ce refus d'alignement a pour motifs secrets ou avoués de rendre plus facile ou moins onéreux, pour la ville ou la commune, l'exécution éventuelle de travaux publics, si l'arrêté portant refus est basé expressément sur des intérêts communaux, ou s'il résulte des faits eux-mêmes que c'est cet intérêt, même implicite, qui est le mobile du refus, et que ce refus ait causé un dommage au propriétaire qui a sollicité l'alignement, on considère que ce dommage se rattache à l'exécution projetée de travaux publics et donne droit à indemnité à ce titre.

Pareillement, l'alignement subordonné à des conditions autres que celles destinées à protéger les limites légales de la voie publique est entaché d'illégalité et peut donner droit à indemnité [1]. Non seulement le refus formel, mais le retard de la part de l'administration à délivrer l'alignement, lorsque ce retard cause un dommage, donne droit à indemnité. Comme on l'a dit avec juste raison, la jurisprudence recule ainsi jusqu'à ses dernières limites l'idée de dommage causé par les travaux publics, puisqu'elle l'étend à des cas où les travaux ne sont que projetés et ne seront peut-être jamais entrepris [2]. On considère par suite que c'est, en principe, le conseil de préfecture qui est compétent pour allouer l'indemnité [3].

1. Aucoc, t. III, n° 1051. — *Rép. gén. du droit français*, v° *Alignement*, n°s 605 et suiv. — Delanney, p. 171.

2. Laferrière, t. II, p. 165. — Aucoc, *Conférences*, t. II, n° 746 ; t. III, n°s 1066, 1076. — *Rép. gén. du droit français*, v° *Alignement*, n°s 597 et suiv. — Delanney, *De l'Alignement*, p. 169. — *Dictionn. de la propriété bâtie*, t. I, v° *Alignement*, n° 5.

3. Laferrière, t. II, p. 164, 165. — Aucoc, t. III, n° 1076. — Jurisprudence constante : C. d'Ét., 1er mars 1895, *Rec.* Panhard, p. 202, Sauton. — Cependant, d'après certaines décisions, le jury d'expropriation serait compétent pour statuer sur

Ainsi, on a considéré comme donnant droit à indemnité au profit des propriétaires lésés, le refus de délivrer l'alignement ou l'interdiction de construire, alors que ce refus ou cette interdiction avait en réalité pour motif des projets d'expropriation pour l'ouverture éventuelle de rues, expropriation que l'administration se refusait de réaliser de suite (1).

De même, donne droit à indemnité, le retard apporté à la délivrance de l'alignement, motivé par l'étude de mesures relatives à l'exécution de travaux projetés (2).

24. — Ces solutions sont parfaitement équitables, et fondées sur les principes généraux du droit. Mais si on persiste à exiger que le dommage soit *direct et matériel,* ces solutions paraissent se rattacher par un lien bien fragile à l'idée du dommage résultant de l'exécution de travaux publics puisque, en réalité, ce n'est pas l'exécution, mais bien plutôt, dans la plupart des cas, l'inexécution, le refus ou les retards de l'administration à exécuter les travaux qui motivent l'indemnité (3).

Quoi qu'il en soit, les idées de dommages et de travaux publics

---

le dommage résultant du refus d'alignement, lorsque l'expropriation est poursuivie. Trib. des confl., 18 mars 1882, *Rec.* Panhard, p. 272 ; Gallian, voir la note ; C. d'Ét., 30 juillet 1880, p. 688, même aff. — Voir sur cette question : Bazille, *Du Refus d'alignement, Rev. gén. d'adm.*, 1883, I, 385. — Delanney, *De l'Alignement,* p. 169, 170. — Lacanal, *Des Alignements, Rev. gén. d'adm.* 1884, II, 158.

1. C. d'Ét., 18 mars 1868, D. P. 1870, III ; 20, Labille ; — 26 mai 1869, D. P. 1870, III, 69, même aff. ; — 18 juillet 1873, D. P. 1874, III, 91, Lemarié, Sir., 1875, III, 19, voir la note ; — 11 juillet 1879, *Rec.* Panhard, p. 601, ville d'Alger ; — 5 avril 1889, p. 480, ville de Pamiers ; — 29 juillet 1892, p. 663, d'Uzèr. — Dalloz, *Code des lois polit. et adm.*, t. III, v° *Voirie*, n°s 6268 et suiv. — Voir aussi : C. d'Ét., 9 janvier 1874, Sir., 1875, II, 339, Maybon ; — Trib. confl., 30 juillet 1880, p. 271, Gallian.

2. « Considérant qu'il résulte de l'instruction que le retard apporté par le préfet de la Seine à délivrer à la dame S..... l'alignement de sa propriété a eu pour cause l'étude des mesures relatives à l'exécution des travaux prévus par le décret ci-dessus visé du 29 septembre 1854, autorisant l'ouverture d'une voie nouvelle à la hauteur de la rue aux Ours, et que ce retard qui a privé la dame S..... de la libre disposition de son immeuble, lui a causé un préjudice dont elle est fondée à demander la réparation ; qu'ainsi, c'est avec raison que le conseil de préfecture a ordonné une expertise, à l'effet de déterminer ce préjudice et d'évaluer le montant de cette réparation » ; C. d'Ét., 3 août 1900, ville de Paris. *Rec.* Panhard, p. 535, D. P. 1901, III, 92, voir la note ; — Voir même aff. C. d'Ét., 22 mars 1895, *Rec.* Panhard, p. 273 ; *Rev. gén. d'adm.* 1895, II, 165, voir la note de M. Dejamme. Voir aussi les autorités citées dans les notes précédentes. Voir aussi : C. d'Ét., 9 janvier 1874, Maybon, D. P. 1874, III, 92.

3. Laferrière, t. II, p. 165. — Delanney, p. 170.

sont intimement unies encore, en l'espèce, et si l'on ne peut pas dire que le dommage résulte expressément de l'exécution des travaux, il résulte soit des lenteurs à les exécuter, soit des études et des projets qui sont remaniés, soit du refus de l'administration de les effectuer ; ce dommage est donc bien né à l'occasion d'une opération de travaux publics, ou tout au moins d'une opération projetée. D'ailleurs, le principe de la loi du 28 pluviôse an VIII, qui oblige l'administration à réparer *les torts et dommages* causés à l'occasion des travaux publics, a une ampleur suffisante pour légitimer cette interprétation.

Mais il semble difficile de concilier cette théorie avec le système qui veut que les dommages soient *directs et matériels,* puisque, d'une part, le dommage résulte, non pas de l'exécution, mais ordinairement de l'inexécution des travaux et que, d'autre part, aucune atteinte matérielle, dans le sens strict de ce mot, ne frappe la propriété privée.

25. — En résumé, il faut conclure à une très large définition des *torts et dommages* résultant de travaux publics. Il suffit, d'une part, que les travaux, causes du dommage, excèdent par leur importance l'exercice normal du droit de propriété et, d'autre part, en ce qui concerne les propriétaires lésés, qu'il y ait diminution de valeur ou privation de jouissance appréciable, pour que le droit à indemnité puisse être reconnu. En adoptant ces solutions, on substitue à des conditions que n'édicte aucun texte, une équitable application des principes du droit.

Nancy, impr. Berger-Levrault et Cie

Du même Auteur :

De la Responsabilité de l'État en matière de postes et télégraphes. 1887. Un volume grand in-8, broché . . . . 4 fr.

Des Contrats passés en la forme administrative. *Authenticité, Compétence.* 1892. Grand in-8, broché . . . . 1 fr. 25

De la Représentation juridique et des intérêts communaux. 1904. Grand in-8, br. 1 fr.

Dictionnaire de l'Administration française, par Maurice BLOCK, membre de l'Institut, avec la collaboration de membres du Conseil d'État, de la Cour des comptes, de Directeurs et de Chefs de service des différents ministères, etc. 5e édition (1905), refondue et considérablement augmentée, sous la direction d'Édouard MAGUÉRO, directeur de l'enregistrement. Deux tomes formant un volume grand in-8 de 2741 pages, broché . . . . 42 fr. 50
Relié en demi-maroquin, plats toile . . . . 50 fr. »

Traité de la Juridiction administrative et des recours contentieux. *Notions générales et législation comparée. Histoire. Organisation. Compétence de la juridiction administrative. Marchés et autres contrats. Dommages. Responsabilité de l'État. Traitements et pensions. Contributions directes. Élections. Recours pour excès de pouvoirs. Interprétation. Contraventions de grande voirie,* par E. LAFERRIÈRE, vice-président du Conseil d'État. 2e édition. 1896. Deux forts volumes grand in-8 de 744 et 713 pages, brochés . . 25 fr.
Reliés en demi-maroquin . . . . 32 fr.

La Loi municipale. *Commentaire de la loi du 5 avril 1884 sur l'organisation et les attributions des conseils municipaux,* par Léon MORGAND, chef de bureau au ministère de l'intérieur. 1er volume : *Organisation.* 2e volume : *Attributions et comptabilité.* 7e édition. 1906. Deux forts volumes in-8, brochés . . 18 fr. — Reliés en percaline . . . . 21 fr.

Compétence et Organisation des Justices de paix. *Commentaire doctrinal et pratique de la loi du 12 juillet 1905,* par Jean CRUPPI, député, rapporteur de la loi, avocat à la cour de Paris. Avec la collaboration de Fernand BRICOUT, docteur en droit, juge au tribunal civil de Lille. 1906. Un volume in-8 de 384 pages, broché . . 6 fr. — Relié en percaline . . 7 fr. 50

Le Régime des Cultes *d'après la loi du 9 décembre 1905 et les règlements d'administration publique qui la complètent.* Guide pratique, par Léonce ARMBRUSTER, avocat à la cour d'appel de Paris, et Marc RÉVILLE, avocat à la cour d'appel de Paris, député. 1906. Un volume in-12, broché . . . . 3 fr. 50 — Relié en percaline . . . . 4 fr. 50

***Précis de Droit.* — Les Pouvoirs publics.** *Organisation et attributions des pouvoirs législatif, exécutif et judiciaire. Matières administratives diverses,* par André THIBAULT et A. SAILLARD, chefs de bureau au ministère de l'agriculture. 2e édition. 1906. Un volume in-12 de 460 pages, broché . . . . 5 fr. — Relié en percaline . . . . 6 fr.

***Précis de Droit.* — Droit pénal.** *Code pénal. Code d'instruction criminelle. Principaux crimes et délits. Formules,* par Louis FOUCHER, rédacteur principal à la préfecture de la Seine, et A. SAILLARD, chef de bureau au ministère de l'agriculture. 1906. Un volume in-12 de 615 pages, broché . . . . 6 fr. — Relié en percaline . . . . 7 fr.

Les Principes généraux du Droit administratif, par Gaston JÈZE, professeur à la faculté de droit de Lille. 1904. Un volume grand in-8, broché . . . . 4 fr.

Des Autorisations pour ester en justice. *Communes et Établissements publics,* par Edm. REISSER, vice-président de conseil de préfecture, et G. RIDEL, conseiller de préfecture. 1902. Un volume in-12, broché . . . . 1 fr. 50

Les Formes des Enquêtes administratives en matière d'intérêt public, par E. HENRY, ingénieur en chef, agent voyer en chef du département de la Marne. 1891. Un volume grand in-8, broché . . . . 4 fr.

De la Responsabilité pécuniaire de l'État par le fait de ses agents, par Camille BAZILLE, avocat à la cour de Paris. 1880. Grand in-8, broché . . . . 75 c.

De la Responsabilité de l'État considéré comme puissance publique à l'égard des tiers, par J. LEFOURNIER, secrétaire général de la préfecture d'Eure-et-Loir. 1894. Grand in-8, broché . . . . 50 c.

De la Responsabilité des Fonctionnaires publics envers les simples particuliers, par Pierre LACANAL, docteur en droit. 1884. Grand in-8, broché . . . . 1 fr.

Du Pouvoir réglementaire, par Jean DEJAMME, auditeur au Conseil d'État. Ouvrage honoré d'une souscription du ministre de l'intérieur. 1894. Un volume grand in-8, broché, 3 fr. 50

Du Droit du Gouvernement en matière de délégations spéciales, par Jules D'AURIAC, secrétaire général de la préfecture de Saône-et-Loire. 1895. Brochure grand in-8 . . 1 fr.

Répertoire de Police administrative et judiciaire. *Législation et réglementation. Jurisprudence et doctrine.* Publié sous la direction de M. LÉPINE, préfet de police, par Louis COURCELLE, attaché au cabinet du préfet de police. Avec une lettre-préface de M. Charles MAZEAU, premier président de la Cour de cassation, ancien ministre de la justice. 1899. Deux volumes grand in-8 (2 800 pages à deux colonnes), broché . . . . 60 fr.
Relié en demi-maroquin, plats toile . . . . 70 fr.

Nancy, impr. Berger-Levrault et Cie

www.ingramcontent.com/pod-product-compliance
Ingram Content Group UK Ltd.
Pitfield, Milton Keynes, MK11 3LW, UK
UKHW032020260826
14628UKWH00006B/2613

9 782019 633905